인피니트 게이미피케이션

지은이 토비 베레스포드 (Toby Beresford)
영국 출생으로, Rise.global의 설립자이자 Veneficus Network와 Magic Freebiues에서 디지털 미디어 혁신가로 활동하고 있다. 게임화 및 소셜 미디어 분야의 전문가인 그는 게임화를 통해 행동에 영향을 미치는 데 전문적인 관심을 쏟고 있다.

옮긴이 이동현
미국 뉴욕대학교 스턴비즈니스스쿨(NYU Stern School of Business)에서 MBA(Finance)를 졸업했다. 게이미피케이션, 금융경제, 경영 관련 책들을 번역하고 있다.

인피니트 게이미피케이션

초판 1쇄 발행 2022년 7월 4일
지 은 이 토비 베레스포드
옮 긴 이 이동현

펴 낸 이 석주원
펴 낸 곳 히어로즈북
출판등록 제 2022-000030호
책임편집 정현석
편 집 김태규 노유래 김현수
주 소 서울시 구로구 디지털로 30길 31, 코오롱디지털타워빌란트 2차 1401호
홈페이지 www.kgi.ai
대표전화 070-4513-0900
I S B N 979-11-974924-2-6(13320)

Copyright © 2020 Toby Beresford
All rights reserved.
Korean edition copyright © 2022 Korea Gamification Institute, Inc.
이 책의 한국어판 저작권은 STAR ELEMENT 에이전시를 통한 저작권자와의 독점계약으로 히어로즈북에 있습니다.
저작권법에 의해 한국 내에서 보호를 받는 저작물이므로 무단전재와 복제를 금합니다.

인피니트 게이미피케이션

끝까지 팀을 동기부여하라

저자 토비 베레스포드 | 옮긴이 이동현

히어로즈북

축사

이 책은 매우 실용적이고 핵심적인 가이드를 담고 있습니다. 읽는 내내 재미있었으며, 저의 업무에도 적용할 수 있는 새로운 아이디어에 감명받았습니다.

저는 게이미피케이션 전문가로서, 책의 내용이 게이미피케이션 프로젝트를 실제 구축하는 데 있어 이론과 현실 사이의 일부 간극을 메꾸어 줄 수 있다고 느꼈습니다.

이 책이 게이미피케이션 프로젝트를 시작하는 사람들을 위한 좋은 가이드가 될 것이라고 확신합니다. 꼭 읽어 보세요!"

피트 젠킨스

옮긴이의 말

게이미피케이션이라는 말을 처음 접했을 때에는 구체적으로 와닿지 않았었다. 게임적 시각으로만 피상적으로 얘기하기도 하고, 과거 개념에 머물러 있는 것도 보았었다.

현대 지식과 기술은 거의 모두가 미국과 유럽 선진국에서 출발한 것이다. 심지어 앞선 개념과 트렌드에 대한 서구 선진국의 주도권은 점점 심화하고 있다. 한국은 하드웨어적 규모는 괄목할 만한 성장을 하였지만, 글로벌 관점에서의 본질보다는 한국만의 갈라파고스를 만들어온 것도 부인할 수 없다.

게이미피케이션 선진국에서는 게임적 요소와 여러 산업을 아우르는 광범위한 개념을 바탕으로, 실용적이고 깊이 있는 이론과 제품을 쏟아내고 있는 상황이다. 이를 통해, 정량적인 효과와 실질적인 만족도 크게 끌어내고 있다.

게이미피케이션은 어찌 보면 선진국형 비즈니스라고 할 수 있다. 게임산업은 물론이고, 기술과 다양한 산업들, 이를 융합할 수 있는 여러 전문가들까지 있어야 가능하기 때문이다. 그런 점에서 이제는 한국에서 글로벌 수준의 제대로 된 게이미피케이션이 정착될 시기가 아닐까 생각한다.

이런 게이미피케이션에 대해서 더 간결하면서도 깊이를 전달할 수 있는 책이 없을까 고민을 하던 차에, 영국의 유명 게이미피케이션 전문가이자 여러 글로벌 프로젝트를 수행해온 저자 토비가 한국어판 출간 제안을 흔쾌히 수락해 준 것에 대해서 대단히 감사를 표하고 싶다.

작지만 이 책을 통해서 한국에서 선진 게이미피케이션에 대해 제대로 해부하고 저변이 확대되어, 글로벌 수준에서 한국의 게이미피케이션 역량이 향상되기를 기대한다.

이 동 현

서문

제 책이 한국어로 출간될 수 있어 기쁩니다.

종종 경험 많은 게이미피케이션 전문가들은 제게 묻습니다.
"언제 무한(infinite)[1] 게이미피케이션 설계 접근법을 사용해야 하나요?"

제가 생각하는 키포인트는 게임화하려는 '핵심적인 행동'에 집중하는 것입니다.

만약 어떤 사람이 새로운 행동을 **학습**한다면, **유한(finite)** 게이미피케이션은 대개 올바른 접근 방법입니다. 이를 디자인화한다면 행동의 **채택**을 확고히 하는 데 도움이 될 것입니다.

하지만 역행이 염려되거나, 행동이 지속적으로 **채택**되는지 확실히 하고자 하거나, 지속적으로 더 큰 **성취**를 동기부여 하거나, 단지 기존 행동을 **강화**하기를 원한다면, 당신은 **무한** 게이미피케이션을 설계에 적용해야 합니다.

---

[1] 앞으로는 '무한 게이미피케이션'으로 언급한다.

요약하자면 이렇습니다.

유한 또는 무한 게이미피케이션은 언제 사용하는 게 좋은가.

행동	유한	무한
학습	예	아니오
채택	아마도	예
수행	아니오	예
강화	아니오	예

한국어판에 무한 게이미피케이션 디자인 캔버스[2]를 포함할 수 있어 기쁩니다. 이는 설계 과정에서 디자인 팀들을 위한 시각적인 도구가 되어줄 것입니다. 당신은 캔버스를 간단하게 채우면서, 프로젝트를 성공적으로 설계하는데 필요한 전반적인 내용을 확인할 수 있습니다.

당신이 무한 게이미피케이션을 재미있게 배우고 적용하기를 바랍니다.

토비 베레스포드
영국 런던
2022년 1월

---

[2] 게이미피케이션 디자인 캔버스는 책의 마지막 부분에 있다.

목차

서문 7
목차 9
추천사 12
도입부 14
   유한 및 무한 게이미피케이션 15
   무한 게이미피케이션의 예시 16
   이 책은 누구를 위한 것인가? 17
   왜 게임화를 하는가? 18
   모든 것은 점수에서 시작한다 19
   점수는 어디에나 있다 21
   무한 게이미피케이션은 어디에나 있다 21
   책의 구성 22

분석   23

    핵심 목표   24

    자료 수집   25

    점수 맥락   27

    이해관계자 분석   29

    무한 게이미피케이션 종류   31

    플레이어 니즈 분석   33

    플레이어 페르소나   35

    플레이어 동기부여   38

    플레이어 동의 범위   41

설계   42

    허영 지표와 명확 지표   43

    후행 지표와 선행 지표   44

    활동 지표와 상호주의 지표   46

    긍정 지표와 부정 지표   47

    측정 우선순위   48

    측정 카테고리   49

    측정 기간   51

    측정 방법   52

    비교할 것인가 말 것인가   54

    비교 옵션   55

    리그 종류   56

    순위 매김 방법론   57

빠지기 쉬운 함정	59
후발 주자 관리	61
안티 게이밍 메커니즘	62
유통 채널	64
프로그램 구조화	66
점수 종류	67
플레이어 명	68
리그 명	70
여러 점수 형식	72
리더보드 레이아웃	74
점수 카드 레이아웃	75
배지 디자인	76

진화 77

만기(성숙도) 모델	78
측정 만기(성숙도)	79
플레이어 만기(성숙도)	81
위원회	82

결론 83

작가의 말	84
참고 문헌	85
추가 자료	86

추천사

게이미피케이션에 관한 대부분 책이나 교육과정에서는 전체적인 콘셉트에만 집중하는 경향이 있다. 표면적인 수준의 개념 소개나 게이미피케이션 프로세스에 접근하는 방법을 최대한 많이 보여주는 정도다.

토비 베레스포드는 무한 게이미피케이션에서, 특정 경험에 초점을 맞추고 그 경험을 극대화하기 위한 실질적인 기술을 제공한다.

게이미피케이션 커뮤니티에서 우리 대부분은 시작-중간-끝이 있는 '유한 게이미피케이션' 프로그램에 집중한다. 그러나 그는 업무 현장같이 시간 경과에 따라 꾸준한 개선이 필요한 상황에서는 '무한 게이미피케이션'이 더 효과가 있다고 말한다. 예를 들어 무한 게이미피케이션은 단순히 훈련 과정을 마치고 복귀하는 대신에 매일, 매주, 매달, 어쩌면 매년 간 플레이어를 동기부여하여 지속적으로 성과를 향상하려 노력한다.

그가 살펴보고자 하는 주요 메커니즘은 점수의 활용이다. 그는 점수가 왜 그리고 어떻게 동기부여를 유지하는지에 대해 독자와 의견을 나누며, 여러 점수 방법론과 함께 플레이어를 관여시키기 위해 사용할 수 있는 여러 측정모델을 제공한다. 다음으로 그는 무한 게이미피케이션에서 마주할 수도 있는 부정적인 상황에 대한 실질적인 조언도 제공한다.

마지막으로(아마 나에게는 가장 깨우침을 준 내용인데) 그는 플레이어가 게임화된 프로그램에 대해 서로 다른 태도를 보이는 '만기(성숙도) 모델'을 제시한다.

독자에게 게이미피케이션에 대한 기초 이해가 필요하기는 하지만, 게이미피케이션 초보자들도 이 책이 유용하다는 것을 알게 될 것이다. 또한, 게이미피케이션 실무자들과 전문 독자도 이 책의 내용들이 실무에 적용이 가능하고, 일깨움을 준다는 것을 알게 될 것이다.

조나단 피터스 박사
미국 센텐시아社의 최고 동기부여 책임자(Chief Motivation Officer)
"Deliberate Fun : A Purposeful Application of Game Mechanics to Learning Experiences" 저자

도입부

2011년 **'게이미피케이션'**이라는 단어가 옥스퍼드 영어 사전에 올해의 단어 후보로 올랐다.

이후 많은 비즈니스 리더들은 게이미피케이션을 이해한다고 느꼈다. 하지만 이는 종종 너무 복잡하거나, 플레이어들의 동기부여 목표를 혼동시키는 개념 중 하나로 자리 잡게 됐다.

아마도 이것이 왜 수많은 게이미피케이션 프로젝트들이 실패하게 되었는지에 대한 근본적인 이유일 것이다.

유한 및 무한 게이미피케이션

게이미피케이션은 유한과 무한, 2가지 종류로 나눌 수 있다.

유한 게이미피케이션 프로그램에는 결말이 존재하며 웅대한 승리, 최고 레벨, 배지 컬렉션의 완성이 있다.

무한 게이미피케이션 프로그램은 영원히 계속되도록 설계됐다. 결말이나 웅대한 승리, 도달해야 할 최고 레벨은 없지만, 지속적인 진행과 끊임없는 경쟁이 있다.

대부분의 게이미피케이션 프로그램은 특정한 훈련 목표를 가지고 있어서 주로 유한 게이미피케이션 모델에 적합한데, 이는 학습자가 숙달하고자 하는 최종 장애물(관문)을 통과할 때 완료된다.

그러나 실제 숙달은 그런 식으로 일어나지 않는다. 왜냐하면 당신은 단지 학습과정만을 완료했기 때문이다. 즉, 당신은 여전히 일상생활에서 '무한 게이미피케이션 기술'을 **채택**할 필요가 있고, 일단 채택이 되면 이를 잘 **수행**해야 한다.

후기 단계들인 채택과 수행에서 무한 게이미피케이션은 더욱 중요해진다.

무한 게이미피케이션의 목표는 팀과 개인들이 끊임없이 발전하도록 동기부여하는 지속적인 프로그램이다.

무한 게이미피케이션의 예시

당신은 이렇게 생각할 수 있다. '이 모호한 게이미피케이션은 뭐지?' 그러나 현대 문화는 **무한 게이미피케이션**으로 가득 차 있고, 가장 성공적인 게이미피케이션 프로그램들은 보통 무한 게이미피케이션으로 설계됐다.

- 오스카상 – 매년 선발된 소수 인원의 투표로 지위가 수여됨

- 타임지 올해의 인물 – 미디어 노출에 근거해 선정됨

- 영국 프리미어리그 – 시즌 동안 경기 결과에 따라 순위가 정해짐

- 투명성 지수 – 국제 투명성 기구 순위의 하위권에 들지 않기 위해 국가 간 경쟁

- UNDP(유엔개발계획) 인간개발지수 – 자국민들을 위해 전인(全人)적인 간호를 제공하려고 국가 간 경쟁

사실, 대부분 비즈니스에서 무한 게이미피케이션의 예시를 찾을 수 있다.

- 이달의 직원

- 분기별 판매 순위표

온라인 커뮤니티도 비슷하다.

- 스택 오버플로(StackOverflow) 포인트[3]

그리고 마지막으로 결말 신호(sign of ending)가 없는 로열티 프로그램이 있다.

- 항공 마일리지

---

[3] 개발자 커뮤니티의 명성 관련 점수.

무한 게이미피케이션은 관리자, 팀, 플레이어를 위한 가치를 창출하거나 산업 전반에 관련 생태계를 만들어내는 등 엄청나게 강력할 수 있다.

티켓 판매나 TV 스폰서십, 플레이어 연봉 등을 고려한다면, 영국 프리미어 리그는 연간 약 25억 파운드의 가치가 있다. 게이미피케이션 설계로 이 정도면 나쁘지 않은 결과물이다!

이 책은 누구를 위한 것인가?

이 책은 주변 사람들의 행동에 영향을 미치고자 하는 리더와 관리자들을 대상으로 한다.

예를 들자면, 다음과 같다.

- 팀의 판매 실적 상승을 꾀하는 **판매 관리자**

- 직원이 새로운 도구와 프로세스를 사용하길 원하는 **변화 관리자**

- 새로운 IT 시스템을 잘 사용하지 못하는 현장 엔지니어와 함께 일하는 **운영 관리자**

- 중요 지표에 대한 참가자의 주의를 환기하는 **다이어트 운동 코치**

- 지속 가능한 공급 정책을 도입하기 위해 영향력을 행사하려는 **자선 단체 지도자**

- 소비자가 특정 제품과 서비스를 효율적으로 사용할 수 있게 하려는 **마케터**

- 가장 적극적으로 참여한 커뮤니티 구성원을 공개하고, 누구나 알 수 있도록 피드백 시스템을 고안하는 **커뮤니티 관리자**

당신의 프로그램이 작든 크든, 단독이든 큰 프로그램에 속해 있든, 비공식적이든 공식적이든, 당신이 개인, 부서, 조직 심지어 국가 전체에 영향을 미치든 말든 이는 중요하지 않다.

무한 게이미피케이션은 당신을 새롭고 강력하며 영향력 있는 도구로 무장시킬 것이다.

왜 게임화를 하는가?

리더십은 동료 혹은 부하 등 누구에게 영향을 주든, 보통 하나 혹은 다른 무한 게이미피케이션 프로그램을 포함한다.

특정 단계에서 리더는 다른 사람들에게 기대하는 행동을 상기시킨다. 이는 2진법 점수(하거나 또는 하지 않거나)같이 단순하거나, 단계적 성취도(하거나 또는 잘하지 않거나)와 같이 훨씬 더 복잡할 수 있다.

결과적으로 우리는 모두 주어진 점수에 따라 행동을 교정하게 된다. 정규 교육은 어릴 때부터 우리 개개인에게 점수를 신경 쓰라고 했기 때문에, 우리 모두는 점수에 아주 민감하다.

이는 리더 관점에서 문제가 될 수 있다. 당신이 명시적인 점수를 보여주지 않을 때조차도 사람들은 점수를 만들어서 그 방향으로 활동을 집중할 것이기 때문이다!

모든 조직은 고유의 상황이 있으며, 목표와 현재의 우선순위가 다르기 때문에, 각각의 리더가 강조하는 점수 또한 다르기 마련이다.

예시:

신규 제품을 파는 판매관리자의 핵심 활동 측정: 새로운 관점에서 이루어지는 전화 마케팅

기존 제품을 파는 판매관리자의 핵심 활동 측정: 이전 고객들 및 기존 관점에서 이루어지는 전화 마케팅

무한 게이미피케이션 설계에서 '정답'은 없다. 모든 상황은 독특하고, 모든 팀은 서로 다른 개발 단계에 있을 수 있으며, 목표들은 비즈니스별로, 심지어 같은 비즈니스에서도 팀별로 크게 다를 수 있다.

모든 것은 점수에서 시작한다

대부분의 무한 게이미피케이션 프로그램은 점수에 기반한다.

점수는 우리가 우리 자신에게 하는 가장 중요한 이야기들의 핵심에 존재한다.

우리는 개인적인 일뿐만 아니라 업무와 같은 모든 단계에서 우리의 성공을 확인하기 위해 점수를 활용한다.

예를 들어,

- 내가 이번 주에 몇 번이나 피트니스클럽에 갔지?
- 내 다이어트가 잘 되고 있나?
- 지난달에 우리 팀의 생산량은 증가했는가?

최종 목표에 도달하는 과정이 한 단계로 이루어지든 여러 단계로 이루어지든, 우리는 보통 진행 상황을 평가하기 위해 특정한 점수를 활용한다.

- 47명이 '좋아요'를 누른 페이스북 게시물

- 매출 목표가 57% 달성됐다고 표시됨

점수는 많은 형태로 나타나지만, 꼭 숫자로 보이지는 않는다.

예를 들어,

- 속도위반 – 찌푸린 얼굴 이모지(emoji)

- 공연 무대 이후의 기립박수

그러나 점수는 결국 드러나서, 우리 자신이나 팀, 조직, 국가의 성과를 측정할 수도 있다.

점수는 의욕을 높여 주기도 하고, – '내가 지난주보다 이번 주에 더 잘했지?' 의욕을 꺾어 버리기도 한다. – '난 이번에도 남들만큼 잘할 수 없을 거야...'

의식적이든 무의식적이든 우리는 우리에게 중요한 점수를 신경 쓰고, 각자의 점수 카드를 보유하고 있다.

이 점수 카드는 간단한 정신건강 체크의 역할을 하기도 하고, – '내가 잘 하고 있는 거겠지?'

휴대전화 대시보드처럼 더 구조적인 접근으로 보일 수 있다. - '목표 달성을 위해 나는 어떻게 하고 있지?'
리더가 사람들에게 점수를 제공하지 않는다면, 아마도 그들은 점수를 하나 만들어낼 것이다. 얼마나 많은 사람이 초과 근무의 양으로 성공이 측정된다고 생각하는 직장에서 일하고 있는지 생각해보자.

세상이 디지털화되면서, 우리의 삶은 그 어느 때보다도 많은 점수들로 표현된다. 내가 얼마나 많은 팔로워를 가지고 있으며, 포스팅에 얼마나 '좋아요'가 많고, 이번 달에 '뷰'가 얼마나 되는지 등이다.

점수는 어디에나 있다

점수는 비교를 쉽게 하는 방식으로 종종 표시된다. 예를 들어, 직전 주간과 비교해서 분석 대시보드를 보여주거나(예: 시간 경과에 따라 팔로워 증가), 우리가 다른 사람들과 비교해서 어떻게 하고 있는지 보여주는 리그 테이블(예: 조회 수 톱10 작가들) 등이 있다.

무한 게이미피케이션은 어디에나 있다

그러나 점수가 갑자기 나타나는 것은 아니다. 우리가 사용하고 있는 점수는 다양한 방법으로 설계됐다. 물론, 잘 설계된 점수와 그러지 못한 점수가 모두 존재한다.

잘 만들어진 점수는 당신이 성공할 수 있게 한다.

잘못 만들어진 점수는 '무관심', '부정행위' 같은 부정적인 행위를 유발하며, 때때로 혼란을 일으킬 수도 있다.

예를 들어,

- 유명 유튜버가 SNS에서 더 많은 '좋아요'를 받기 위해, 죽음을 무릅쓰고 지붕 위에서 셀카를 찍음
- 2016년, 5천6백 명의 미국 웰스파고 은행 직원들이 매출 목표를 위해 2백만 개의 가짜 은행 계좌를 만들었다가 적발되어 해고됨

따라서 잘못 설계된 무한 게이미피케이션 프로그램이 사용자를 망치거나 실직하게 할 가능성이 있다면, 그냥 점수 시스템을 공들여서 잘 설계하는 편이 낫다...

책의 구성

어떤 새로운 프로그램이든 이 책에 언급된 3개의 단계를 거치면 성과를 낼 수 있다.

- 분석

- 설계

- 진화

나는 이 책을 당신의 여행을 위한 가이드로 추천한다. 당신만의 디자인 사고(design thinking)를 테스트하기 위해 여러 모델과 체크리스트를 사용하길 바란다.

분석

분석 단계에서 우리는 새로운 프로그램의 요건을 분명히 하고, 목표 플레이어를 위해 이미 존재하던 기존의 무한 게이미피케이션 프로그램과 점수 카드, 리그를 파악한다.

핵심 목표

대부분의 무한 게이미피케이션 프로그램은 핵심 목표를 달성하기 위해 존재한다.

핵심 목표에 대한 정의는 짧고 간결해야 한다.

'이 프로그램의 핵심 목표는….'

- 체중 감량 목표 달성에 도움을 줌 (체중 관리 애플리케이션)

- 국가 발전을 평가할 때는 단지 경제 성장뿐만 아니라, 사람들과 그들의 능력이 궁극적인 기준이 되어야 함을 강조 (인간 개발지수)

- 건전한 경쟁으로 서로를 독려함으로써 더 큰 성과를 통한 매출 증진 (매출 점수 카드)

- SNS 영향력 측정 (Skorr 애플리케이션)

핵심 목표는 종종 프로그램에 비용을 치르는 사람들에 의해 결정된다는 사실에 주목해야 한다. 일단 점수가 매겨지면 끝이다.

자료 수집

점수는 가공되지 않은 자료(raw data)를 기반으로 하는데, 자료 수집은 보통 어렵고 복잡하다. 가공되지 않은 자료를 어떤 형태로 이용할 수 있는가? 자료 수집은 자동화될 수 있는가?

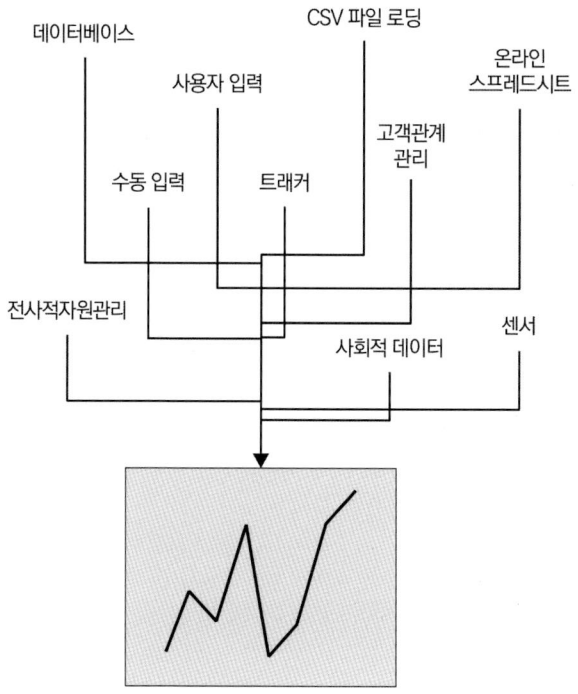

예시:

전력망 관리 회사의 현장 엔지니어 점수

핵심 목표: 직무 데이터 입력을 위한 새로운 태블릿 사용법 향상

가용 자료 원천:

ERP(Enterprise Resource Planning) 시스템은 데이터를 시각적으로 추출하는데, 이는 점수 체계의 필요에 맞도록 설정되어야 한다.

필요한 점수 체계:

- 작업 할당부터 작업 장소까지 이동 시간

- 작업 시작부터 작업 완료까지 소요 시간

- 성공적으로 완료된 작업의 숫자

- 연기되거나 다른 팀으로 넘어간 작업의 숫자

자료 흐름:

이 예시에서 데이터는 작업 장소에서 ERP로(태블릿 인터페이스를 통해) 이동하고, 현장 엔지니어들에게 개인별 분석 점수로 다시 제공된다.

이점:

현장 엔지니어는 잘못 입력된 데이터를 확인할 수 있다.
(예: 1시간 만에 끝낸 작업이 시스템에서는 아직 미완료로 나올 때)

관리 목표(예: 작업 할당과 작업 장소 도착 사이에 걸리는 시간 감소 – 말하자면 '그거 빨리 마시고 바로 가자')가 현장 엔지니어들에게 더 잘 보이게 한다.

무한 게이미피케이션 설계는 더 이상 외적인 혜택이나 보상이 필요하지 않다는 것을 뜻한다. 즉, 프로그램은 무한히 지속될 수 있다.

점수 맥락

점수와 무한 게이미피케이션 프로그램은 이미 모든 곳에 있기 때문에, 그린필드(greenfield)[4]는 없다. 하지만 당신이 헛수고하는 것은 아니다.

점수 맥락을 이해한다는 것은 고객이 이미 이용할 수 있는 대체 점수와 관련해, 계획된 프로그램이 어떻게 배치되어 있는지 묻는 것을 의미한다.

예를 들어, 우리가 팀 내 소프트웨어 개발자들에게 점수를 주길 원한다고 하자. 먼저, 우리는 그들의 공개된 점수를 살펴볼 필요가 있다. 그것들은 레딧 카르마 포인트(Reddit 사이트에서의 '좋아요' 점수) 같은 광범위하고 통상적인 점수나, 스택 오버플로 포인트(Stack Overflow 사이트에서의 답변점수) 같은 좁고 전문화된 점수가 될 수 있다.

---

[4] 개발된 적 없는 자연 상태 그대로의 땅. '자유롭고 새로운 환경'을 의미.

다음으로 중요한 것은 점수 형식인데, 주로 더 큰 혜택 또는 책임과 연계되어 있기 때문이다. 점수 형식은 다른 직원들과 공유하는 더 큰 범위의 측정인 연봉과 서열을 포함한다.

좁은 범위의 전문화된 점수는(존재한다면) 가장 중요하다. 왜냐하면 그것은 우리 자신의 특정한 성과에 대한 공식적인 측정이기 때문이다. 내부 개발자 관점에서, 이는 목표 스프린트 작업에서의 달성 비율(%)이 될 수 있다. 계약직 개발자 관점에서, 이는 매주 일하는 시간이 될 수 있다.

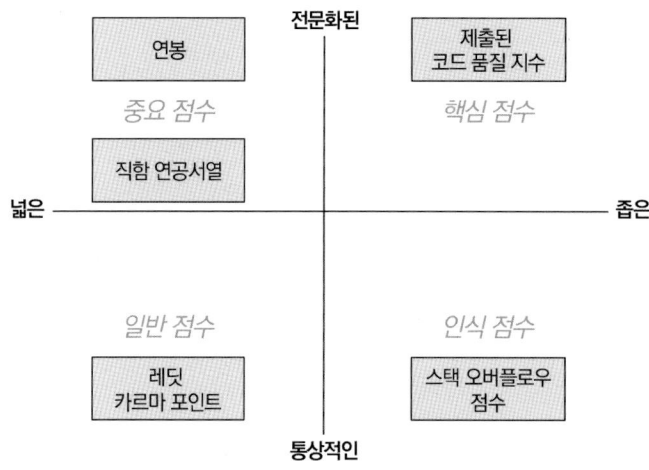

이해관계자 분석

우리는 우리를 둘러싼 커뮤니티의 각 부분에서 점수를 통해 어떤 것을 기대하는가?

양파 다이어그램은 프로그램에 영향을 받는 커뮤니티를 그려보고 고유한 필요사항을 떠올릴 수 있는 훌륭한 방식이다.

이 예시에서, 우리는 간단한 판매 리더보드를 위한 이해관계자를 표시했다.

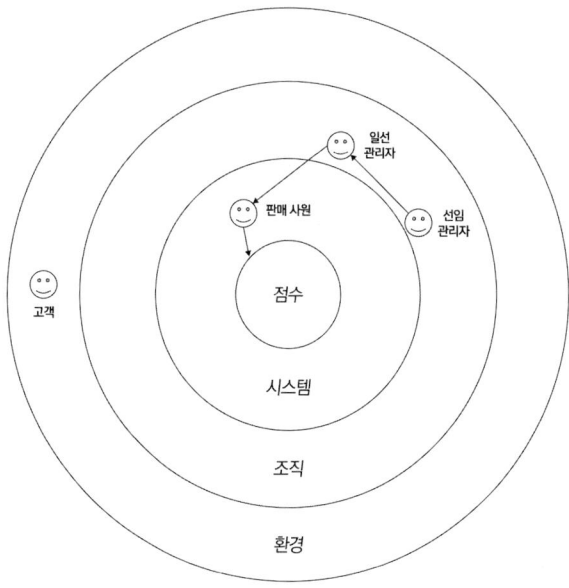

무한 게이미피케이션 프로그램의 중심부에는 판매 사원에 대해 개인적으로 제공된 점수[예: 이번 주에 달성한 목표 비율(%)]가 있다.

일선 관리자는 조직 단위의 관점에 더 관심이 있을 것이다. 예를 들어, 리더보드에서 팀 내 판매 사원들이 달성한 목표 비율(%)을 보는 식이다.

선임 관리자는 단순히 전체 총량에만 관심이 있을 수 있다. 즉, 그가 원하는 것은 간단한 수치뿐이다.

마지막으로, 조직 외부에서 이 리더보드에 의해 영향을 받는 고객들이 있는데, 그들은 판매 사원들에게 결코 여러 번씩 전화 받고 싶어 하지 않을 것이다.

무한 게이미피케이션 종류

프로그램 설계 과정에서 플레이어를 위한 점수 카드를 만들 때, 당신의 역할을 명심할 필요가 있다.

가능한 5가지 역할

- 관리자 – 조직의 결과를 추구

- 코치 – 사용자 결과를 추구

- 시사 해설자 – 청중 참여를 추구

- 심판 – 경기장 수준을 유지

- 선수-코치 – 자체 추적 서비스를 다른 사람들에게 확장

무한 게이미피케이션을 하는 사람으로서, 당신은 주로 이 역할 중 하나를 골라 프로그램 전반을 유지하게 될 것이다.

예시:

관리자 – 전력망 관리 회사에서 새로운 소프트웨어 시스템 사용을 위해 현장 엔지니어의 점수를 보고하는 운영 관리자, 또는 더 높은 판매 통화량(call volume)을 통해 매출 증대를 꾀하는 판매 관리자

코치 - 디지털 판매 인풋과 핵심 도구, 활동의 채택을 추적하여 직원들의 능력을 향상하는 내부 판매 교육자 (예: 사원 페이지 방문, SNS 포스팅 및 코멘트)

시사 해설자 - 학생 만족도, 졸업생 취업 전망, 연구 결과 등에 근거하여 대학 순위를 포스팅하는 블로거 (예: 연간 저널에 게재되는 논문 수)

심판 - 종합 우승자와 함께 크로스핏 대회를 공정하게 운영하는 트레이너

선수-코치 - 왓츠앱(WhatsApp) 그룹의 체중 감량 프로그램 참가자와 주최자. 그들은 매주 모든 참가자의 체중 감량 정도를 추적한다.

플레이어 니즈 분석

당신의 플레이어가 프로그램에서 필요로 하는 것을 알아채는 일은 매우 중요하다. 결국, 매일 점수와 리그를 보는 건 그들이기 때문이다. 플레이어는 점수로 인해 행동이 변할 것으로 예상된다. 물론 점수가 효과가 없다면, 행동은 변하지 않는다.

플레이어 니즈 분석은 지속적인 활동이며, 당신은 무엇이 효과적이고 무엇이 효과적이지 않은지 계속해서 확인해야 한다.

당신이 활용할 수 있는 도구

- 포커스 그룹[5]

- 1:1 인터뷰 (전화, 대면)

- 추천고객점수(Net Promoter Score)[6] 설문조사

- 역사적 데이터 분석

---

[5] 특정 집단을 대표하는 소수 참가자.
[6] 고객 만족도뿐만 아니라, 고객이 친구에게 상품을 추천할 정도로 좋아하는지에 대해 측정.

예시:

포커스 그룹 – 플레이어 그룹을 모으면 그들이 공통 관심 분야를 찾는 데 도움이 된다. 예를 들어, '우리의 SNS 영향력 점수는 단순히 트위터, 페이스북, 인스타그램뿐만 아니라 다양한 SNS 채널(예: 틱톡, 유튜브)의 데이터에 근거해야 한다.'

1:1 인터뷰 – 가장 유용한 방법이다. 솔직한 대화는 프로그램이 어떻게 받아들여지는지 말해준다. 만약 당신이 파일럿 프로그램을 진행하고 있다면, 그것에서 메인 프로그램[7]의 틀을 올바르게 짜는 데 도움이 되는 부정적인 피드백을 얻을 수 있다. '이게 경영진이 우리를 계속 감시하는 또 다른 수단입니까?' 같은 코멘트는 신중하게 생각할 필요가 있다.

추천고객점수(Net Promoter Score) 설문조사 – 정량적 점수는 당신의 진행과정을 추적하고 측정하는데 유용한 도구가 될 수 있다. 기본적으로 출시 직후 당신의 프로그램 설계를 가동할 때, NPS 점수 집계는 당신의 프로그램이 계속해서 인기를 유지하는지 알려줄 것이다.

역사적 데이터 분석 – 판매 사원들의 수많은 통화 기록과 그들이 매주 달성한 매출을 분석해 보면, 특정한 패턴을 발견할 수 있다. 예를 들어 지난주에 전화 판매량이 줄었다면, 금주의 판매 실적이 나빠지는 식이다.

만일 당신이 다양한 집단에 속해 많은 고객을 대상으로 일하고 있다면, 플레이어들을 서로 다른 페르소나로 구분할 필요가 있다. 예를 들어, 얼마나 빨리 새로운 아이디어들을 채택하는지나, 성취, 경쟁, 사회화 같은 요소들에 어떻게 동기가 부여되는 지로 구분할 수 있다.

"측정할 수 없다면, 관리할 수도 없다."

---

[7] 자세한 내용은 책 뒷부분에 있는 '프로그램 구조화'를 참고.

플레이어 페르소나

플레이어들의 상세한 페르소나를 분석하는 것은 프로그램(혹은 제품이나 서비스)에 대한 그들의 관점을 이해할 수 있게 해서, 프로그램 채택률을 향상한다.

사용자 유형을 모델링하고 페르소나를 만드는 데에는 수많은 방법이 있는데, 이것은 내가 사용하는 질문 리스트이다.

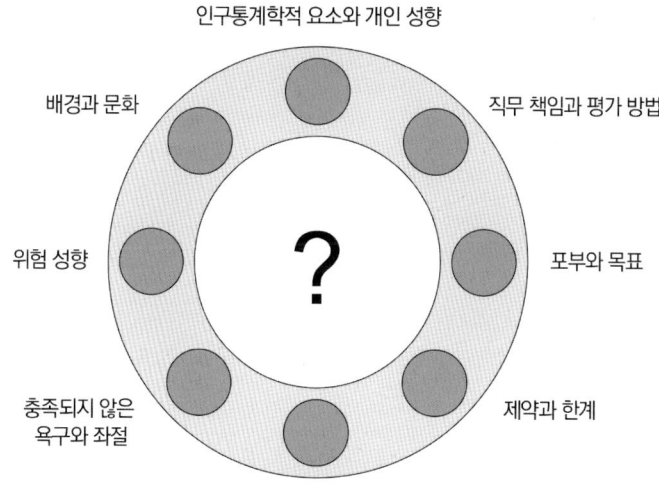

만일 다양한 페르소나가 있는 것으로 인지된다면, 설계는 필연적으로 더 복잡해진다. 당신의 프로그램이 모든 사람을 같은 방식으로 동기부여 하지는 않을 것이기 때문이다.

무한 게이미피케이션 프로그램을 위해 만든 예시를 한번 보자. 이 프로그램에는 하나의 직무 역할(판매 사원)이 있는데, 페르소나의 이름은 "성취가 앤드루(Andrew)이다."

직무 책임과 평가 방법
- 앤드루는 기존 고객을 새로운 비즈니스로 연결해 주고, 신규 고객의 판매 문의를 담당하는 내부 판매 사원이다.
- 평가는 분기별 목표 대비 달성한 매출 비율(%)로 이루어진다.

포부와 목표
- 앤드루는 할당된 기준을 초과 달성하여 통상적인 연봉 상한선에 추가로 보너스를 받고 싶어 한다.
- 이는 새 스포츠카를 사고 싶어 하는 그의 욕구가 반영되어 있다.

제약과 한계
- 앤드루는 특정 제품군과 특정 지역 내에서 걸려 오는 전화를 받는다.

신뢰할 만한 콘텐츠 채널과 리소스
- 중요한 요소에는 회사 인트라넷의 '영업사원 바이블', 제품 설명이 있는 외부 웹사이트, 월간 팀 미팅 등이 있다.
- 앤드루는 출근길에 세일즈 트레이닝 팟캐스트를 듣고, 매일 무료 신문을 읽는다.

충족되지 않은 욕구와 좌절
- 앤드루는 고객 계정을 늘리기 위한, 일부 핵심 고객의 고위층과 충분히 단단한 관계를 쌓지 못했다.
- 고객 비즈니스 플랜의 실현 가능성이 부족하다.

위험 성향
- 앤드루는 위험 성향이 낮아서, 새로운 것을 시도할 때 검증된 방법을 선호한다.

배경과 문화
- 내부 판매 사원의 전통적인 역할은 고객을 적극적으로 찾아 신규 영업에 나서는 것보다는 고객을 기다리는 쪽에 가까웠다.

인구통계학적 요소와 개인 성향
- 앤드루는 전형적인 판매사원이다. 우리의 판매사원들은 대부분 'A 타입'인 '성과 집착형'이며, 24세에서 35세 사이에 주로 분포한다. 그들은 팀 전체의 성공보다 동료를 이기는 것을 더 중요하게 느끼곤 한다.

> "인간은 자율적이고, 자기 결정권이 있고,
> 다른 사람들과 연결되고자 하는
> 선천적인 내적 동기가 있다.
>
> 그리고 그 동기가 해소될 때,
> 사람들은 더 성취하고,
> 더 부유한 삶을 살게 된다."
>
> - 다니엘 H. 핑크 -

플레이어 동기부여

우리는 더 높은 점수를 얻기 위해 노력할 가치가 있다고 믿는다. 점수 디자이너로서, 우리는 관련된 보상을 가장 저렴한 비용으로 제공하고 관리할 필요가 있다.

본질

이는 주로 최고의 인센티브이다. 예를 들어, 사용자가 점수를 향상할 만한 개인적인 이유가 있을 때다.

지위[8]

사회적 지위도 중요하다. 우리는 자랑할 권리가 있고, 동료의 부러운 시선을 즐길 수도 있다.

접근

더 높은 점수는 콘텐츠와 경험들에 독점적으로 접근할 수 있게 한다.

힘

더 높은 점수는 다른 사용자에 비해 더 강력한 힘을 부여한다.

---

[8] 게이브 지커만(Gabe Zichermann)과 크리스토퍼 커닝햄(Christopher Cunningham)의 '게이미피케이션 바이 디자인(2011, O'Reilly Media)'의 SAPS 모델을 활용.

물질

우리 대부분은 가치 있는 것을 좋아한다. 당신은 다양한 인센티브를 제공할 수 있는데, 활동과 관련되었을 때 더욱더 효과적이다.

현금

현금은 궁극적인 외적 인센티브이며, 가장 자주 활용된다. 주의할 점은, 만약 더 이상 줄 현금이 없으면, 당신은 진심으로 당신을 위해 일하는 사람들을 고용하고 있으므로 노동법과 세금 관련 문제가 생길 수도 있다.

예시:

본질
살을 빼고 싶은 사람은 다이어트와 운동 프로그램에 열심히 참여함

지위
포브스 선정 '30세 이하 리더 30인' 같은, 연간 '최고 인플루언서' 리스트에 들어간 사람은 그렇지 못한 사람들보다 더 높은 지위를 누릴 수 있음

접근
경쟁을 통해 백스테이지 패스[9]나 애프터 파티 초대권을 획득

힘
더 높은 점수를 가진 스택 오버플로 사용자는 다른 사용자들의 온라인 답변을 편집할 수 있음

---

[9] 콘서트에서 일반인의 출입 금지 구역에 들어갈 수 있는 통행증. 주로 기자, 관계자 등에게 발행됨.

물질

건강보험회사는 스마트폰 애플리케이션을 활발하게 사용한 회원들에게 매주 무료 커피를 제공함

현금

기대 성과 달성에 대한 연봉

플레이어 동의 범위

동의가 있어야 참여가 이루어지고, 어떤 일이든 플레이어가 되는 것은 선택에 의해 정의된다. 당신은 플레이를 선택했다.

동의 전략의 범위

- **참가 동의** – 플레이어는 참가하려면 동의해야 하고, 언제든지 거부할 수 있다.

- **세분화된 동의** – 플레이어는 특정 기능에 대해서만 동의한다. 예를 들어, 개인 점수를 받는 것은 동의하지만 외부 공유나 리그 내 비교는 동의하지 않을 수 있다.

- **동의 거부** – 플레이어는 기본적으로 동의하지만, 언제든지 거부할 수 있다.

- **의무적인 동의** – 플레이어는 거부하지 못할 수도 있는데, 이는 성과가 드러나는 직장에서 흔하다. 예를 들어, 판매 사원은 자신의 판매 실적이 드러날 것을 예상한다.

장기적인 성공을 위해서, 의무적인 프로그램들은 가능한 한 피하는 편이 낫다. 예를 들어, 회계법인 PWC(PricewaterhouseCoopers)는 수년간 완전히 동의가 의무화된 글로벌 SNS 리더보드를 운영해왔다.

설계

점수 카드와 **리그**는 '무한 게이미피케이션 프로그램' 개념이 실제화되는 장이다. 이는 플레이어가 진행 과정에서 피드백을 받는 수단이다.

각 플레이어를 위한 점수 카드를 설계할 때 당신은 측정 지표를 고려해야 하는데, 점수 알고리즘은 각 플레이어의 최종 점수와 측정 지표를 결합해 준다.

리그 설계는 플레이어가 서로 진행 과정을 비교하는 방법을 결정한다.

허영 지표와 명확 지표

허영 지표는 다른 사람이 당신을 평가하기 위해 사용하는 지표다.

명확 지표는 당신이 성공하길 원한다면 제대로 이해해야 할 운영 지표다.

점수 카드는 허영 지표를 포함할 수 있지만, 보통 플레이어는 직접적으로 허영 지표에 영향을 주지 못한다.

반면에, 명확 지표는 플레이어가 영향을 직접 줄 수 있기 때문에 최적화 관점에서 가치가 있다.

예시:

허영 지표 - 당신이 보유한 인스타그램 팔로워 숫자

명확 지표 - 당신이 공유한 링크를 클릭한 인스타그램 팔로워 비율(%)

"내버려 두세요.
저는 지금 새로운 측정 지표를 가지고
있습니다."

- 존 마크 코머(John Mark Comer) -

후행 지표와 선행 지표

후행(Lag) 지표는 사후에 발생하며, 보통 측정하기 쉽지만, 우리가 직접적으로 영향을 미치기는 어렵다.

선행(Lead) 지표는 사전에 발생하며, 우리가 종종 영향을 줄 수 있지만, 측정하기 쉽지 않다.

가끔 후행 지표는 '결과' 측정으로, 선행 지표는 '과정' 측정으로 불리기도 한다.

확신이 서지 않는다면, '나뭇잎'이 아니라 '열매'를 세는 것이 더 낫다. 당신은 나뭇잎(당신을 그곳으로 이끈 것)보다 열매(당신이 실제로 원하는 것)에 더 관심이 있기 때문이다.

> **예시:**
>
> 만약 링크를 클릭하는 트위터 팔로워의 비율(%)이 **후행** 지표이면, **선행** 지표는 매일 링크를 읽는 트위터 팔로워의 프로필 개수가 될 수 있다. 왜냐하면 당신이 팔로워들에 대해 더 자세히 알수록, 그들이 클릭할만한 링크를 포스팅할 가능성이 크기 때문이다.
>
> 다른 예시로, 다이어트는 몸무게가 전부가 아니라 식단과 운동이 필수적이다. 따라서 **후행** 지표는 체중 감량이지만, **선행** 지표는 소모된 칼로리와 했던 운동이다.

선행지표와 후행지표를 구분함으로써 당신은 누가 성공을 향해 가는지 또는 실패를 향해 헤매는지 쉽게 알 수 있다.

	낮은 점수 (후행 지표)	높은 점수 (후행 지표)
선행 지표 높은 점수	실적을 내지 못했지만, 전망이 있음 (예: 외부로 전화나 이메일을 보내서 영업 기회를 얻으려고 노력함)	실적이 있고, 유망함 (예: 지금까지 잘해왔고, 앞으로도 잘할 것으로 예상)
선행 지표 낮은 점수	실적이 없고, 전망도 없음 (예: 외부로 전화나 이메일을 보내서 영업 기회를 얻으려는 노력도 하지 않음)	실적을 냈지만, 전망이 흐릿함 (예: 과거의 영광에 취해, 할 수 있는 일도 귀찮아함)

"상관관계가 꼭 인과관계를 의미하지는 않는다."

활동 지표와 상호주의 지표

활동10지표는 플레이어 활동을 말한다.

상호주의11지표는 플레이어 활동의 직접적 결과로 발생하는 것을 말한다.

좋은 무한 게이미피케이션 프로그램은 대개 2가지를 다 가지고 있다.
[시간이 지남에 따라 2가지가 어떻게 변화하는지는 '측정 만기(성숙도)'를 참고]

예시:

판매 프로그램의 활동 지표에는 전화나 이메일의 발신 횟수가 포함될 수 있다.

판매 프로그램의 상호주의 지표는 신규 가입 숫자, 완판, 또는 고객에게서 받은 긍정적 NPS 점수가 될 수 있다.

---

10 '노동 지향'으로도 알려져 있음.
11 '성과 지향'으로도 알려져 있음.

긍정 지표와 부정 지표

당신은 어떤 것이 좋거나 나쁜지 파악할 수 있다. 일반적으로 인간은 부정적인 것보다 긍정적인 것을 찾는데 동기부여되기 때문이다.

"우리가 행했던 좋은 일에 집중하고 그러한 성과를 격려할 때 마법이 일어난다."[12]

- 찰스 A. 쿤라트-

예시:
많은 건축현장에서는 보건안전 통계를 추적할 때 '사상자 숫자' 대신 '무사고 N일'을 사용하곤 한다.

---

[12] 찰스 A. 쿤라트(Charles A. Coonradt)와 벤슨 리(Benson Lee)의 '2등 사원은 항상 일만 한다(The Game of Work)'와 'Scorekeeping for Success' (1998) 참조.

측정 우선순위

관련된 모든 측정지표가 항상 연관되어 있지는 않다. 단지 당신이 최적화 하려는 것을 분석할 뿐이다.

측정지표의 우선순위를 매기는 데에 있어서, 우리는 한 번에 하나의 지표에 집중할 필요가 있다. 그리고 그 지표에 숙달했을 때, 우리는 나아간다.

예시:

SNS 채널을 운영할 때, 'G.E.R.M.' 모델은 활동 발전 단계에 따라 미디어 지표의 우선순위를 매기는 프레임워크를 제공한다.

G = 진행(Get going): 우리 콘텐츠는 주기적으로 제공되고 업데이트되는가?
(예: 주간 포스팅 개수)

E = 참여(Engagement): 고객이 우리 콘텐츠에 주의를 기울이는가?
(예: 포스팅 당 평균 '좋아요' 숫자)

R = 도달(Reach): 우리 고객이 늘어나고 있는가?
(예: 주간 신규 팔로워 숫자)

M = 화폐화(Monetization): 우리는 고객을 금액 단위로 표현할 수 있는가?
(예: 전환율, 수익)

측정 카테고리

측정지표를 카테고리화하면 효과적으로 관리할 수 있다.

예를 들어, 소프트웨어 사용자 지표를 선택할 때는 당신이 원하는 행동을 유도하는 지표를 선택할 필요가 있다.

- **학습:** 새로운 행동 및 관련된 도구와 프로세스 (예: 발송된 이메일)

- **채택:** 새로운 행동과 관련된 규칙적인 습관 (예: 매일 보낸 이메일)

- **강화:** 기존 행동을 유지하려고 함 (예: 이메일 응답률)

- **수행:** 목표 행동으로 인해 개선된 결과 (예: 주선한 판매 미팅)

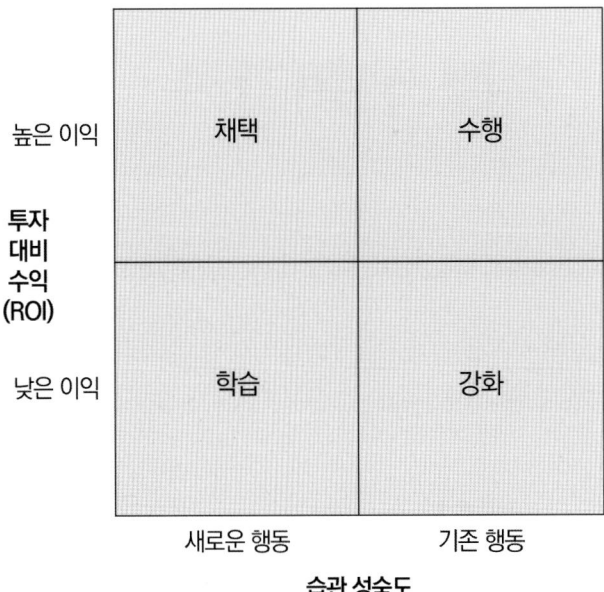

플레이어는 대개 자신의 점수를 최적화하려고 하기 때문에, 당신이 점수의 대부분을 어디에 할당하는지에 따라 당신이 프로그램에서 얻을 결과의 수준을 결정할 것이다.

예를 들어, 성과 지표는 보상을 최대로 제공한다. 신입들이 '일이 진행되고 있구나'라고 느낄 수 있도록 프로그램을 만들기 위해서는 균형이 잡혀야 한다. 그러므로 학습 지표에도 점수의 일부가 할당될 필요가 있다.

측정 기간

점수는 시간이 지남에 따라 수집되거나 초기화될 수 있다. 측정 기간은 아래와 같다.

예시:

- **항상** – 스택 오버플로 포인트 획득치
- **연간** – 금년 총소득
- **시즌** – 아스널 구단의 영국 프리미어리그 순위
- **분기** – 남서부 지역의 3분기 매출액
- **월간** – 이번 달에 새로 계약한 회사의 수
- **주간** – 주간 최고 매출 사원
- **일간** – 당일 주가지수 변동
- **매시간** – 1시간 동안 활동량(분)

**"의미 있다고 해서 모두 셀 수 있지 않고,
셀 수 있다고 해서 모두 의미 있지도 않다."**

- 알버트 아인슈타인 -

측정 방법

점수를 종합할 때는 가공되지 않은 점수를 가지고 계산할 필요가 있는데, 점수를 매기는 데는 몇 가지 방법이 있다.

6가지 흔한 방법

❶ 합계: 1, 3 = 4

❷ 차이: 1, 3 = 2

❸ 최근 수치: 1, 3 = 3

❹ 최대치: 1, 3 = 3

❺ 최소치: 1, 3 = 1

❻ 평균: 1, 3 = 2

점수 알고리즘은 이런 방법 중 하나를 측정에 사용하게 되는데, 이것들이 합쳐져서 총점수가 나온다.

예시:

- **합계** – 총획득한 로열티 포인트 수치

- **차이** – 이번 주 신규 유튜브 구독자

- **최근 수치** – 현재 체중

- **최대치** – 3번 시도 중 가장 멀리 던진 것

- **최소치** – 3번 시도 중 제일 빠른 것

- **평균** – 팀원당 평균 매출

"당신은 기대한 것이 아니라
조사한 것을 얻는다."

- IBM 격언 -

비교할 것인가 말 것인가

우리는 사회적 존재이기 때문에 항상 비교하며 살아간다. 과거의 나와 현재의 나를 비교하며 자아를 성찰하고, 심지어 이웃들이나 친구들, TV 속 연예인들과도 비교한다. 문명사회에 사는 이상 비교하지 않는 사람은 없다.

무한 게이미피케이션 디자이너로서, 우리의 임무는 비교 자체를 전부 없애는 것이 아니라(그것이 가능하지도 않고), 전체적인 맥락에서 가장 건강한 형태의 비교를 제시하는 것이다.

예를 들어, 좋은 스포츠 코치는 경쟁에서 이기라고 하기보다는 '할 수 있는 최선을 다해라' 하고 격려할 것이다.

프로그램을 수립할 때, 가능한 모든 비교 형태를 보여줄 필요는 없다. 힘을 북돋아 주며 지속적인 참여를 끌어낼 수 있는 '긍정적인' 것만 보여주는 게 낫다.

비교 옵션

사용자의 점수에 관하여 비교를 제공하는 방법은 크게 5가지가 있다.

- **개인 vs 목표:** (예: 이번 주 목표 100% 달성)

- **개인 vs 시간:** (예: 매주 자신의 진행 과정 확인)

- **개인 vs 개인:** 주변 동료의 점수와 관련된 내 점수를 보여줌

- **그룹 vs 시간:** 시간 경과에 따라 그룹 성과에 기여하는 대로 점수를 보여줌
  (예: 설정 목표에 도달)

- **그룹 vs 그룹:** 다른 그룹과 대비하여 그룹 성과에 기여하는 대로 점수를 보여줌

"어떻게 수행하는지 뿐만 아니라,
어떻게 비교하는지도 중요하다."

- 찰스 A. 쿤라트 -

리그 종류

개인이나 팀을 비교할 때는, 리그 경쟁을 운영하기 위한 다양한 방법이 존재한다.

- **리더보드** – 플레이어는 각자의 최고 점수를 향해 노력하고, 남들과 비교함

- **K.O.** – 라운드마다 패자는 사라지고, 한 명의 승자가 가려질 때까지 경쟁

- **사다리(Ladder)** – 각 플레이어가 1등부터 3등을 차지하기 위해서 도전함 이긴 사람은 그 사람의 위치로 올라가고, 원래 있던 사람은 내려가는 식

- **라운드 로빈(Round-robin) / 박스 리그** – 모든 플레이어가 서로 경쟁함

"비교는 기쁨을 앗아가는 도둑이다."

- 시어도어 루스벨트 -

순위 매김 방법론

리그에는 순위를 매기는 여러 방법이 있다.

합계

모든 측정 지표의 합계가 곧 총점수다.

상대치

각 플레이어는 각 지표에 따라 순위가 매겨지고, 해당 지표에 사용할 수 있는 포인트의 순위를 기준으로 비율(%)이 할당된다. 예를 들어, 1등은 그 지표에서 100% 점수를 얻는다.

순위 점수

플레이어는 순위에 따라 점수가 매겨진다. 예를 들어, 1등은 1, 2등은 2의 점수를 얻는다. 이는 많은 크로스핏 대회[13]에서 사용된다.

순서

처음 사용된 지표가 우선권을 갖고, 다음 측정 지표는 두 플레이어가 동점일 때만 사용되는 식이다.

---

13 크로스핏 대회는 순위가 높을수록 낮은 점수를 부여한다.

예시:

- **합계** – 축구 리그(승리 시 3점, 무승부 시 1점, 패배 시 0점 획득, 승점이 똑같은 경우 득실 차/다득점 등을 비교)

- **상대치** – 유엔개발계획 인간개발지수

- **순위 점수** – 크로스핏 대회

- **순서** – 올림픽 메달(금메달, 은메달, 동메달 순으로 개수를 집계해 등수를 매김)

빠지기 쉬운 함정

참여를 감소시키거나 원하지 않은 행동을 유도하는 함정을 주의해야한다.

참여 감소 원인

- **지나치게 복잡함**: 대부분의 프로그램은 간단하게 시작함

- **무관한 인센티브**: 굳이 참여할 필요를 느끼지 못함

- **점수 피로/과다**: 너무 많은 점수가 있어서 플레이어가 피로해지기 쉽고, 그 결과 점수 영향력이 없어짐

- **조작(Manipulation)**: 점수를 위한 활동만 요구됨

- **기만**: 재미있는 척하지만 사실 여전히 재미없거나 어려운 일임

- **경쟁적인 플레이어들만 있음**: 모두가 승리에 목마른 것은 아님

- **개인 정보 보호 문제에 무관심**: 모든 사람이 드러나는 것을 원하지는 않음

- **후발 주자와 기존 플레이어의 차이**: 늦게 시작하면 절대 따라잡을 수 없는 구조

- **규정이 없음**: 어떻게 하면 점수를 얻을 수 있는지 명확히 알고 싶어 함

원하지 않은 행동

- **동기부여 감소 요소:** 주요 인력이지만 저성과자인 사람은 패배를 예감함

- **부정행위(Cheat) 유저가 늘어남:** 부정행위 제재가 불충분함

- **과도한 노력:** 좋은 것이 너무 많음

- **도덕적 일탈:** 몰입하는 순간 플레이어는 현실 세계 같은 외부 규칙을 등한시함

- **과소평가:** 추적되지 않는 행동은 의미가 사라짐

- **독점적 채널링:** 점수화되지 않는 행동은 완전히 중단됨

- **중독:** 게임을 너무 많이 하면 문제가 될 수 있음

- **과잉 정당화:** 무효화된 보상은 이전에 자체 동기부여된 활동을 감소시킴

- **보상만 쫓는 사람(상금 사냥꾼):** 단지 보상만을 위해서 활동하고, 실제 고객이 될 의향은 없음

후발 주자 관리

어떤 점수 카드에서든 후발 주자는 무한 게이미피케이션에 문제가 될 수 있다. 후발 주자는 꼭 시작점에서부터 달려야만 할까?

추월할 수 없다면, 참여 동기가 감소할 수 있다. 모든 사람이 동시에 점수를 얻기 시작하는 것은 아니기 때문이다.

'후발 주자 관리'에 대한 4가지 설계 방법

❶ **집단 분열**: 새로운 참가자끼리 집단을 형성시켜서, 성공의 기회와 시간을 동등하게 부여

❷ **주기적으로 점수를 초기화**: 예를 들어, 매주 0점에서 다시 시작

❸ **추월 사다리(Catch up ladders)**: 후발 주자에게 상위권을 따라잡을 기회 제공

❹ **집단 분할**: 여러 집단을 대상으로 점수를 구조화해서, 같은 단계 내에서만 비교하게 함

안티 게이밍 메커니즘

어느 장기 프로그램에서든, 게이머들이 시스템을 이해하고 '게임을 하는데'는 시간이 걸리는데, 그들은 주로 승리를 위한 가장 손쉬운 방법을 찾기 때문이다.

프로그램을 설계할 때는 불필요한 행동을 제외할 필요가 있다.

당신이 활용할 수 있는 12가지 안티 게이밍 메커니즘

❶ **불투명한 점수**: 점수 획득 시스템의 모든 과정을 공개하지는 않음

❷ **지표 상한 설정**: 무제한으로 포인트를 얻지 못하게 능력치 제한

❸ **페널티 점수**: 부정적인 행동에 벌점 부여 또는 점수 감점

❹ **상호주의**: 활동이 아닌 반응에 보상 제공

❺ **윤리 규정 강화**: 명확한 법적 통제 규정

❻ **금전적 보상 제거**: 상금을 유일한 목표로 만들지 않음

❼ **동료 간 투명성**: 플레이어가 서로의 점수를 확인할 수 있게 함

❽ **상대적 순위 매김 방법:** 최고 점수는 모든 지표상에서 잘해야만 가능함

❾ **내적 보상에 집중:** 핵심 보상은 게임이 아님

❿ **같은 방향 유지:** 처음의 흥미가 사라진 이후에도 프로그램에 변화가 없다면, 게이머는 이탈할 수 있음

⓫ **점수 비율 사용:** 여러 측정지표에 걸쳐 균형 잡힌 행동을 보장

⓬ **중간 지점에서 지표 가중치 조정:** 포인트 할당 조합이 올바르게 될 때까지 규칙은 끊임없이 변경되어야 함

확립된 프로그램에서는 플레이어의 신뢰를 잃을지도 모른다는 걱정이 들더라도 미리 이를 고지할 필요가 있다. 예를 들어, 구글은 웹사이트에서 곧 변경할 검색 엔진 순위 알고리즘의 변화를 미리 알려준다.

"게이머를 탓하지 말고 게임을 탓해라"

유통 채널

채널 선택은 당신의 고객이 좌우한다. 당신이 선택한 채널은 프로그램 수용에 영향을 미칠 것이다.

고려하면 좋을 채널의 체크리스트

- 이메일

- 웹사이트

- 모바일 애플리케이션

- 푸시 알림

- 문자 메시지

- 대형 스크린 TV

- 스마트 TV (가정용)

- 스마트 스피커 [예: 알렉사(Alexa), 구글 홈(Google Home)]

- 비즈니스 대시보드 [예: 게코보드(Geckoboard), 싸이페(Cyfe)]

- 트위터 (@회신, 다이렉트 메시지)

- SNS 포스팅 [예: 페이스북, 야머(Yammer), 링크드인(LinkedIn)]

- 점수 웹사이트 [예: 랭커(Ranker), 리스틀리(Listly), 트라이벌리스트(Tribalist), 라이즈 글로벌(Rise.global)]

- 인스턴트 메시지 [예: 왓츠앱, 슬랙(Slack)]

- 인쇄물 (예: 우편, 편지)

- 링 제본

- 대형 인포그래픽

- 라디오 또는 TV 뉴스 방송

- 증강현실 (Augmented Reality)

- 가상현실 (Virtual Reality)

"미디어는 그 자체가 메시지다."

- 마셜 맥루한 -

프로그램 구조화

무한 게이미피케이션은 단독으로 있지 않고, 당신이 플레이어와 커뮤니케이션하는 더 큰 이야기 속에 존재한다.

점수의 구조화는 점수가 무엇이고 혜택은 무엇이며, 플레이어의 삶에 적용하기 위해 당신이 무엇을, 어떻게 기대하는지 설명하는 것을 뜻한다. 가장 좋은 구조화는 새로운 것에서 출발하기보다는 기존에 진행 중인 것에서 확장되는 느낌이 좋다. 따라서 인기 게임에 있는 다른 용어나 비유를 적용하려고 하는 것보다, 기존의 언어를 확장해서 사용하는 것이 낫다.

구조화의 가장 중요한 관점

- 프로그램 제목 – (예: 판매 품질 프로그램)

- 점수 종류 – (예: 판매 사원 품질 점수)

- 플레이어 명 – (예: 내부 판매 사원)

- 리그 명 – (예: 금주 품질 기준을 달성한 판매 사원)

점수 종류

당신은 점수를 어떤 형태로 부르는가?

유용한 단어에 대한 체크리스트

- 지수
- 합계
- 점수
- 포인트

당신이 찾고자 하는 행동을 요약하는 단어를 조합하라.

- 구루(Guru)[14] 지수
- 총수입
- 파워 점수
- 경험치

스포츠(예: 달리기)에서 용어를 가져올 수도 있지만, 점수 규칙과 용어가 섞이지 않게 주의해야 한다. 플레이어에게 혼란을 줄 수 있기 때문이다.

---

[14] 힌두교, 불교, 시크교 및 기타 종교에서 일컫는 스승. '전문가', '권위자'라는 뜻으로도 쓰임.

플레이어 명

당신은 점수 카드상의 플레이어를 어떻게 부르는가? 격려 스티커를 붙여 주면서 북돋아 주어라. 아마 플레이어는 그것에 부응할 것이다!

- 사용자(Users)

- 스타(Stars)

- 전설(Legends)

- 잘나가는 사람(Hotshots)

- 플레이어(Players)

- 챔피언(Champions)

- 중요 인물(Big Cheeses)

- VIPs

- 리더(Leaders)

- 슈퍼스타(Super Stars)

- 구루(Gurus)

- 끝판왕(Top Dogs)

- 개척자(Pioneers)

- 옹호자(Advocates)

- 에이스(Aces)

- 거물(Bigwigs)

- 닌자(Ninjas)

- 록스타(Rock Stars)

- 인플루언서(Influencers)

- 격려자(Inspirers)

리그 명

당신은 경쟁을 어떤 형태로 부르는가?

- 판매 경연 대회

- 프리미어 리그

- 프레지던트 클럽[15]

- 100% Club[16]

- Top 100

- Power 100[17]

- 챔피언

- 리더보드

- 토너먼트

---
[15] 후원자 모임의 일종.
[16] 양성평등을 위한 다분야 연합.
[17] 영향력 있는 여성 100인.

- 순위

- 경쟁

- 리그

- 도전

- 더비(Derby)[18]

- 데드 풀(Dead Pool)[19]

- 컵(Cup)

- 트로피(Trophy)

- Classic(골프 대회)

- Open(골프 대회)

- 스코어보드

> "장미꽃은 다른 어떤 이름으로 불러도
> 여전히 달콤한 향기가 난다."
>
> - 윌리엄 셰익스피어 -

---

[18] 동일 지역 내 스포츠팀들끼리 하는 시합.
[19] 누군가가 언제 죽을지 예측하는 내기.

여러 점수 형식

점수는 소수점을 포함한 모든 형태와 크기로 표시된다.

고려할 수 있는 점수 형식

- 숫자

- 시간

- 백분율(%)

- 통화(화폐)

- 등급

- 사분위 수

- 이모지(행복부터 슬픔까지)

- 거리(피트, 인치)

- 신호등 색 분류(빨강, 노랑, 초록)

- 진행 바

- 색상 코딩[20]

성취 여부에 따른 2진법 점수 형식도 가능하다.

- 체크 박스

- 배지

- 수료증

- 멤버십

---

[20] 나는 설계자들에게 색상을 점수 지표로 사용하지 말라고, 특히 유일한 지표로는 절대 사용하지 말라고 조언한다. 왜냐하면 문화마다 색상의 의미가 다르고, 색약 혹은 색맹인 플레이어가 있을 수 있기 때문이다.

리더보드 레이아웃

시각적 목적으로 리더보드를 배치할 때는 정보 우선순위 서열을 명확하게 하는 것이 중요하다.

매출을 높여보자						프로그램명
17주 차 – (4월 12 – 19일)						측정 기간
팀:	North West ▼					리더보드 명
순위	플레이어	전화	우편접수	이메일	판매 점수	
1. ▲(3)	Jane Smith	12	4	18	34	
2. ▼(1)	John Doe	3	3	20	26	
3. ▼(2)	Jane Doe	16	2	7	25	
4. ▶(4)	John Smith	9	1	5	15	
순위 변화	이전 순위		기본 지표		굵은 글씨로 전체 점수 표시	

표의 열을 분류하기 쉽게 만들고 싶은 유혹을 떨쳐내라. 리더보드의 핵심은 플레이어를 당신이 집중하기를 원하는 순서대로 나열하는 것이다. 예를 들어, 이메일 컬럼[21]같이 정렬할 수 있게 당신의 랭킹에 따른 '지위'라는 보상에 플레이어들이 주의를 기울이기 어려울 것이다.

---

[21] 가장 최근 정보가 끊임없이 갱신되는 식이다.

점수 카드 레이아웃

성과를 최적화하기 위해, 플레이어는 자신의 점수를 분석하여 기본 지표에서 어떻게 성과를 낼 수 있을지 알아야 한다. 그들은 시간 경과에 따라 개별 지표의 결과들을 비교하기를 원한다.

매출을 높여보자
존 스미스의 점수 카드

	17주 차 (4월 12~19일)	16주 차 (4월 5~12일)
전화	9 ▼	11
우편접수	1 ▲	0
이메일	5 ▲	3
판매 점수	15 ▲	14
지역 영업본부 순위:	4. ▶	4.
	현재 측정 기간	이전 측정 기간

좋은 점수 카드의 핵심은 점수가 먼저 나오고, 나머지 점수에서 파생되는 내용(리더보드 순위, 팀 성과, 획득한 배지, 개인 최고 성과)은 나중에 보인다는 것을 인식하는 것이다.

배지 디자인

배지는 무한 게이미피케이션에서 끊임없이 사용될 수 있지만, 희소가치를 떨어트릴 수도 있다. '오늘의 플레이어' 또는 '이 달의 판매왕'이 그 예시다.

설계에 포함할 수 있는 요소

시각적 요소	이름 요소
테두리	수여 기관
배너	기간
아이콘	수여일
조판	성취
색상	레벨
꾸밈	카테고리
등급 분류 (Rating Stars)	적격 인자 (예: 지역, 인구학적 - 성별, 나이)

진화

무한 게이미피케이션 프로그램은 시간에 따라 반복되고 변화한다. 그리고 최고의 프로그램은 변화를 관리하는 프로세스를 갖고 있다.

진화가 없는 프로그램은 굳어지고, 결국 붕괴할 수도 있다. 이는 원하지 않는 부작용과 이탈을 초래한다.

만기(성숙도) 모델

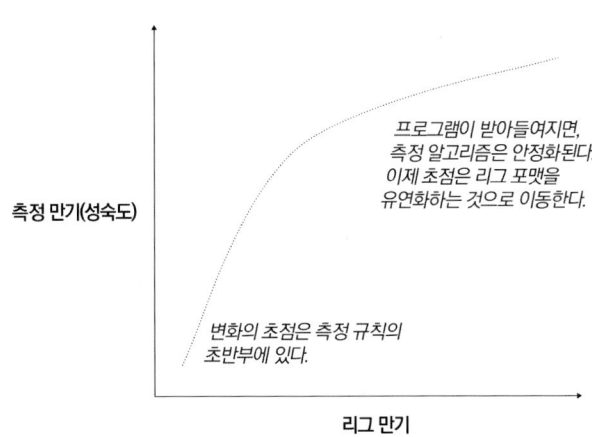

어떤 점수 카드에서든 초기 단계에서는 '게임의 규칙' 즉, 포인트의 점수화 과정에서 많은 변화와 수정이 필요하다.

이후에는 '리그 구조' 즉, 어떻게 개인과 팀이 타인과 비교되는지도 변화하는데, 이는 끊임없는 업데이트와 수정을 요구한다.

결국, 점수 카드와 리그는 항상 점수가 따라다니고, 운영하는 방식을 포함한다.

측정 만기(성숙도)

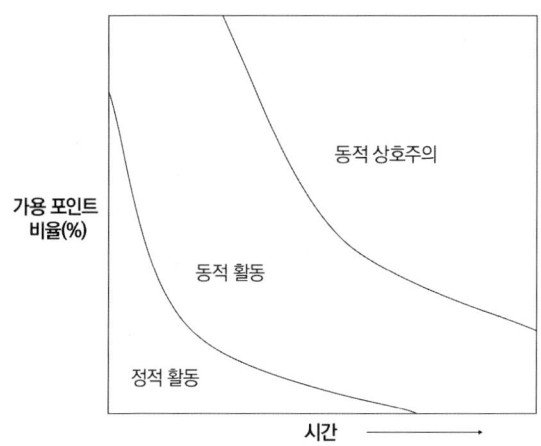

어떤 알고리즘에서든 측정 방식은 시간의 경과에 따라 변화할 수 있다.

초기 단계에서 대부분의 포인트는 정적 활동에 일회성으로 쓰이는데, 신규 소프트웨어를 설치하거나, 온보딩(onboarding) 또는 훈련과정에 참석하는 식이다.

중간 단계에서 대부분의 포인트는 동적 활동에 쓰이고, 주간 또는 월간 단위로 완성되어야 할 주기적인 성취에 영향을 준다. (예: 블로그 포스팅, 고객 연락처 추가)

후기 단계에서 대부분의 포인트는 동적 상호주의 즉, 활동의 결과로 다른 사람이 얻는 일상적인 성취에 쓰인다. (예: 블로그 포스팅에 댓글 달림, 고객 구매)

프로그램 개발 과정에서 당신은 시간 경과에 따라 도입될 **지표 로드맵**을 계획할 수 있다.

"어떤 측정이 목표가 되면,
그것은 더 이상 좋은 측정이 아니다."

- 굿하트의 법칙 -

플레이어 만기(성숙도)

플레이어는 다양한 방법으로 주어진 점수에 반응하는데, 그들의 반응은 그들이 점수 카드를 다루는 성숙도에 좌우된다.

영아	주어진 점수를 받아들임
유아	이해력 부족으로 점수 수용성이 매우 낮음
청소년	점수 카드를 가지고 게임을 시도함
성인	**진행 과정을 추적하고 활동을 최적화하기 위해 점수를 이용**
장년	점수 알고리즘 자체에 도전
은퇴자	점수에 굳이 연연하지 않음

이미 더 이상 관련이 없기 때문에 점수를 거부하는 은퇴자와 점수를 이해하지 못하고 거부하는 유아와의 차이를 인식하는 것이 중요하다. 유아는 본인이 똑똑하다고 생각할 수 있지만, 실제로는 그렇지 않은 편이다.

위원회

당신이 뭐라고 부르든(예: 측정 위원회, 관리 위원회, 내각, 트로이카, 독재 정부), 반복은 종종 이해관계의 균형 잡힌 경쟁을 말한다.

측정 위원회로서의 회의는 측정 알고리즘과 리그 구조의 효과를 주기적으로 평가하고, 프로그램 피드백에 근거한 변화 방법을 추천해 준다.

변화를 추구할 때는, 충분한 시간을 갖고 의사소통해야 한다.

"그건 위원회를 위한 문제야!"
"우리가 바로 위원회다."

- 영화 '불의 전차' -

럭비 유니언의 점수 획득 시스템은 지난 130년간 계속해서 바뀌어왔다. 1886년에는 1회 트라이(try)에 1점을, 1회 컨버전(conversion)에 2점을 얻었다. 이제는 1회 트라이에 5점, 1회 컨버전에 2점이다. 완전히 뒤바뀌었다.

결론

이 책에서 우리는 아래 내용을 다루었다.

무한 게이미피케이션 소개

- 당신의 프로그램을 위한 배경과 수요를 분석하는 법

- 올바른 행동을 이끄는 프로그램을 설계하는 법

- 프로그램이 지속해서 연관되고 유용할 수 있게 꾸준히 발전시키는 법

현실에 적용하는 것은 당신의 몫이다. 당신이 어떤 결과를 얻을지 기대가 된다.

작가의 말

아마존에 책에 대한 리뷰를 남겨주세요. 저는 다 읽어봅니다.

이 책을 통해 당신과 당신의 조직에 도움이 된 자료가 있다면, 꼭 공유해 주세요. 당신의 경험이 궁금합니다.

해시태그 #infinitegamification으로 포스팅해 주세요. 제 트위터는 @tobyberesford이고 다른 SNS도 마찬가지입니다.

만약 당신의 프로젝트에 대한 궁금증이 있거나 전문가의 조언이 필요하다면, 쿼라(Quora)를 통해 게이미피케이션에 대해 질문을 하세요. 여러 전문가가 답변해 줄 것입니다.

만약 점수 카드와 리그를 시각화하고 플레이어들에게 알려줄 소프트웨어 솔루션을 찾는다면, 제 스코어북 플랫폼인 www.rise.global을 확인해 보세요.

감사 인사 - 리처드 베레스포드(Richard Beresford), 소피아 포프(Sophia Pope), 조나단 피터스(Jonathan Peters), 모니카 코르네티(Monica Cornetti), 유 카이 초우(Yu-kai Chou), 니콜라스 배빈(Nicolas Babin), 앤소니 베레스포드(Anthony Beresford), 닉 샤(Nick Shah), 존 코나한(John Conaghan), 피트 젠킨스(Pete Jenkins), 알렉산드르 두테르테(Alexandre Dutarte), 롭 알바레즈(Rob Alvarez), 브루노 히베이루(Bruno Ribeiro), 그리고 팀린 배비츠키(Timlynn Babitsky). 이분들의 도움으로 책이 훨씬 좋아지게 됐습니다. 감사합니다!

그리고 제 아내 앰버(Amber)에게 깊은 감사의 표현을 하고 싶습니다. 저의 비전과 회사 Rise, 그리고 이 책이 나오기까지 저를 믿어준 그녀의 인내와 의지에 감사합니다. 이 책을 그녀와 저의 사랑스러운 세 자녀에게 바칩니다.

참고 문헌

여기에 있는 모든 것들은 책, 미팅, 콘퍼런스, 이메일 또는 SNS 포스트에 있는 다른 사람들의 작업이 없었다면 나올 수 없었습니다.

아래 책들은 『인피니트 게이미피케이션』을 위한 유용한 가이드였습니다.

- Coonradt, Charles A. Game of Work: How to Enjoy Work as Much as Play. Gibbs Smith Publisher, 2012.

- Coonradt, Charles A, Lee Benson, and Inc Game of Work. Scorekeeping for Success. Park City, Utah: Game of Work, Inc., 1998.

- Burke, Brian. Gamify: How Gamification Motivates People to Do Extraordinary Things. Brookline, MA: Bibliomotion, books + media, 2014.

- Pink, Daniel H. Drive: The Surprising Truth about What Motivates Us. Paperback ed. Edinburgh: Canongate, 2011.

- Zichermann, Gabe, and Christopher Cunningham. Gamification by Design: Implementing Game Mechanics in Web and Mobile Apps. Sebastopol, CA: O'Reilly, 2011.

추가 자료

비디오를 포함한 추가 자료는 아래에서 다운로드할 수 있습니다.

www.infinitegamification.com

홈페이지에 들어오시면, 이메일 등록을 잊지 마세요.
최신 자료를 제공받으실 수 있습니다.

뒷면에
인피니트 게이미피케이션
디자인 캔버스가 있습니다.